قرآن اور موجودہ مسلمان

(مضامین)

محمد فہیم الدین

© Taemeer Publications LLC

Quran aur Maujooda Musalmaan *(Essays)*
by: Mohammad Faheemuddin
Edition: June '2024
Publisher :
Taemeer Publications LLC (Michigan, USA / Hyderabad, India)

ISBN 978-93-5872-319-9
9 789358 723199

مصنف یاناشر کی پیشگی اجازت کے بغیر اس کتاب کا کوئی بھی حصہ کسی بھی شکل میں بشمول ویب سائٹ پر اَپ لوڈنگ کے لیے استعمال نہ کیا جائے۔ نیز اس کتاب پر کسی بھی قسم کے تنازع کو نمٹانے کا اختیار صرف حیدرآباد (تلنگانہ) کی عدلیہ کو ہو گا۔

© تعمیر پبلی کیشنز

کتاب	:	**قرآن اور موجودہ مسلمان** (مضامین)
مصنف	:	**محمد فہیم الدین**
زیر اہتمام	:	ظہیر دانش عمری (آتش اکیڈمی، کڈپہ، آندھرا پردیش)
پروف ریڈنگ / تدوین	:	اعجاز عبید
صنف	:	مذہب
ناشر	:	تعمیر پبلی کیشنز (حیدرآباد، انڈیا)
سالِ اشاعت	:	۲۰۲۴ء
صفحات	:	۵۸
سرورق ڈیزائن	:	تعمیر ویب ڈیزائن

فہرست

(۱) مقدمہ
(۲) قرآن: ایک تعارف
(۳) قرآن اور آپ ﷺ
(۴) قرآن اور صحابہ کرام
(۵) قرآن اولیٰ کے مسلمانوں کی عزت کی چند جھلکیاں
(۶) قرآن اور ہم موجودہ مسلمان
(۷) موجودہ مسلمانوں کی ذلت ورسوائی کی چند جھلکیاں
(۸) اسباب اور علاج
(۹) قرآن کے حقوق (علاج)
(۱۰) مراجع و مصادر

مقدمہ

اللہ رب العالمین ہی نے ساری کائنات کو پیدا فرمایا ہے اور انسان بھی اس کی ایک باعزت اور اشرف مخلوق ہے جن کو اس نے اپنی عبادت کے لئے پیدا فرمایا ہے جیسا کہ خود اللہ عزوجل فرماتا ہے (وما خلقت الجن و الانس الالیعبدون ⁕ سورۃ الذاریات:۵۶) میں نے جنات اور انسانوں کو محض اسی لئے پیدا کیا کہ وہ صرف میری عبادت کریں۔

نیز اللہ رب العالمین نے دنیا میں اس حضرت انسان کی یاد دہانی اور رہنمائی کے لئے وقتاً فوقتاً رسول اور نبی بھیجتا رہا جو آکر انسانوں کو شرک و گمراہی سے خبر دار کرتے اور وحدانیت کی دعوت دے کر سیدی راہ بتلاتے تھے جیسا کہ اللہ رب العالمین نے فرمایا (ولقد بعثنا فی کل امۃٍ رسولا ان اعبدوا اللہ واجتنبوا الطاغوت (⁕ سورۃ النحل:۳۶) "ہم نے ہر امت میں رسول بھیجا کہ (لوگو!) صرف اللہ کی عبادت کرو اور اس کے سوا تمام معبودوں سے بچو۔" اور ان رسولوں کے ساتھ ساتھ اللہ رب العالمین کتابیں بھی نازل فرماتا رہا۔ جیسا کہ حضرت ابراہیمؑ اور حضرت موسیٰؑ کو صحیفے دئے گئے جس کا ذکر قرآن مجید میں یوں ہے (صحف ابراھیم و موسیٰ (سورۃ الاعلیٰ:۱۹) (یعنی) ابراہیم اور موسیٰ کی

کتابوں میں "حضرت داودؑ کو زبور دی گئی اللہ نے فرمایا(و اٰ تینا داود زبورًا(سورة النساء:۱۶۳))"اور ہم نے داودؑ کو زبور عطا فرمائی"حضرت عیسیٰ کو انجیل اور حضرت موسیٰ کو تورات دی گئی تھی فرمایا اللہ رب العالمین نے (وانزل التوراة والانجیل(من قبلو ھد ی للناس و انزل الفرقان(سورة اٰل عمران: ۴۳))"اسی نے اس سے پہلے تورات اور انجیل کو اتارا تھا، اس سے پہلے لوگوں کو ہدایت کرنے والی بنا کر اور قرآن بھی اسی نے اتارا"۔

چنانچہ اللہ رب العالمین کے یہ بھیجے گئے رسول اور ان پر اتری ہوئی یہ کتابیں صرف انسانوں کی ہدایت و رہنمائی ہی کے لئے تھیں جن کا انسان اپنی زندگی گذارنے کے لئے بے حد محتاج ہے کیوں کہ وہ ناقص العقل ہے، اس کو پیدا کرنے والا رب ہی جانتا ہے کہ اس کی تخلیق کیسے ہوئی اس کائنات کی تخلیق کیسے ہوئی جس میں رہ رہتا ہے اور اس انسان کو اس میں زندگی کاٹنے کے لئے کن کن قواعد وضوابط ،شرائط و اصول اور احکامات کی ضرورت ہے ،یہی وجہ ہے کہ آج تک پوری تاریخ انسانی صاف طور پر یہ واضح کرتی ہے کہ انسانوں نے جب تک ان اعلی ذرائع کو اپنایا اور اسی کے مطابق اپنی راہ منزل کو طئے کیا تو وہ باعزت ، باسکون اور کامیاب رہے اور جیسے ہی ان انسانوں نے اس کو چھوڑ دیا، اس کو پس پشت ڈال دیا اور اس میں تحریف و تبدیلی کی تو ذلت ورسوائی ، بے چینی وبے قراری اور ناکامی کے عمیق کنویں میں جا پڑے جس کا انھیں احساس تک نہ رہا۔

قرآن مجید بھی آخری رسول محمد مصطفی صلی اللہ علیہ وسلم پر نازل کی گئی ۔آخری آسمانی کتاب ہے۔اور اسی کتاب الہیٰ کے ساتھ بھی یہی معاملہ پیش آیا، پہلے

مسلمانوں نے اس کو اپنایا تو عزت و سربلندی، چین و سکون کی اونچائیاں ان کے قدموں میں تھیں لیکن جیسے ہی مسلمانوں نے اس کو بھلا دیا تو ذلت و رسوائی کے غلام بن گئے۔

الغرض یہ سب کچھ تو ہو چکا لیکن اس کا احساس بہت ہی کم لوگوں کو رہ گیا ہے

ع

کارواں کے دل سے احساسِ زیاں جاتا رہا

اگر میں ظاہر کو دیکھ کر (نحن نحكم بالظواهر) یہ کہوں کہ ان چیدہ چنندہ حساس امت مسلمہ کے افراد میں سے ایک "ادارہ علوم القرآن علی گڑھ" اور کے ذمہ دار بھی ہیں تو یقیناً کوئی مبالغہ نہ ہو گا اللہ اس ادارے کے ذمہ داران کو عزیمت اور اخلاق عطا فرمائے (آمین) یہی وجہ ہے کہ انھوں نے اس سال بھی طلباء اساتذہ اور غیر مسلم مفکروں کے درمیان حساس موضوعات پر مقابلہ مقالہ نویسی منعقد کیا، جس میں میں نے بھی حصہ لیا ہے۔ اللہ سے دعا ہے کہ اللہ تعالیٰ میری اصلاح فرمائے۔ آمین ثم آمین

***

قرآن: ایک تعارف

قرآن کی تعریف

لغوی تعریف:۔ اہل لغت نے قرآن کے لغوی معنی میں اختلاف کیا ہے چنانچہ ان کے مندرجہ ذیل اقوال ہیں۔

(۱) "وروی عن الشافعیؒ... وکان یقول : القرآن اسم ولیس بھموز ، ولم یوخذ من قرات ، ولکنہ اسم لکتاب اللہ مثل التوراۃ والانجیل" (*"لسان العرب" ج:۱۱ص:۴۸) امام شافعیؒ سے روایت کیا گیا ہے کہ... وہ کہتے تھے، قرآن کوئی مھموز اللام لفظ نہیں ہے، جو "قرات" فعل سے نکالا گیا ہے بلکہ یہ اللہ کی ایک کتاب کا اسی طرح نام جس طرح تورات اور انجیل نام ہیں (امام شافعیؒ)

(۲) قرآن کا مادہ ق۔ر۔ن۔ ہے قرن کا مطلب ہے "ایک چیز کو دوسری چیز سے ملانا" قرآن مجید کی آیات اور سورتیں باہم ملی ہوئی ہیں اسی لئے اسے قرآن کہا گیا ہے۔ (امام شعریؒ)

(۳) قرآن کا مادہ ق۔ر۔ء ہے قرء کا مطلب ہے "اس نے جمع کیا" قرآن کو یہ نام اس لئے دیا گیا ہے کہ اس میں سابقہ کتب کی تعلیمات کو جمع کیا گیا ہے (علامہ زجاجؒ)

(۴) قرآن کا مادہ ق۔ر۔ء ہے قرا کا مطلب ہے "اس نے پڑھا" قرآن کو یہ نام اس لئے دیا گیا ہے کہ یہ بار بار پڑھا جاتا ہے (علامہ اللحیانیؒ)

یہی چوتھا قول اہل علم کے نزدیک زیادہ صحیح ہے "(* "علوم القرآن "از: ڈاکٹر صبحی صالح ، ترجمہ غلام احمد حریریؒ ،بحوالہ فضائل قرآن مجید از محمد اقبال کیلانی ،ص:۹۲)

اصطلاحی تعریف:

اہل علم نے قرآن کی اصطلاحی تعریف مختلف طریقوں سے کی ہے۔ لیکن "بعض جدید محققین نے قرآن کی اصطلاحی تعریف میں کہے گئے مختلف اقوال کو ان الفاظ میں جمع کیا ہے "القرآن: الكلام المنزل من عند الله على رسول الله صلى الله عليه و سلم المتعبد بتلاوته، المكتوب فى المصاحف، المنقول بالتواتر ، المعجز بسورة من جنسه ، المجمع عليه" (* "ھدایت القاری الی تجوید کلام الباری، للمرصفی (۴۳) بحوالہ :"موسوعۃ نضرۃ النعیم ۔۔صالح بن عبد اللہ بن حمید و عبد الرحمن بن ملوح، ج: ص ۴ ۱۱۸۱،۱۱۸۵)

"قرآن اللہ تعالیٰ کی طرف سے اس کے رسول (محمد صلی اللہ علیہ و سلم) پر اتارا گیا کلام ہے۔ جس کی تلاوت کے ذریعہ عبادت حاصل کی جاتی ہے جو مصاحف میں لکھا جاتا ہے، تواتر کے ساتھ ہم تک نقل کیا گیا ہے اور اس میں اس کی کئی سورتوں کو جمع کیا گیا ہے" جیسا کہ اللہ رب العالمین نے فرمایا(وانه لتنزيل رب العالمين (۱۹۲)نزل به الروح الامينُ (۱۹۳)على قلبك لتكون من المنذ رين(۱۹۴)بلسان عربى بين(۱۹۵)وانه لفى زبر

الاولین(١٩٦) "(الشعراء: ١٩٢تا ١٩٦) اور بیشک و شبہ یہ (قرآن) رب العالمین کا نازل فرمایا ہوا ہے۔(١٩٢) آپ کے دل پر اترا ہے کہ آپ آگاہ کر دینے والوں میں سے ہو جائیں۔(١٩٤) صاف عربی زبان میں ہے۔(١٩٥) اگلے نبیوں کی کتابوں میں بھی اس قرآن کا تذکرہ ہے۔(١٩٦) "

***

قرآن کی فضیلت

قرآن مجید اللہ رب العالمین کی طرف سے اس کے بندوں کے لئے ایک تحفۂ ہدایت ہے۔ اللہ رب العالمین کا ارشاد ہے "ھد ی للناس" (سورۃ البقرۃ: ۱۸۵)"جو لوگوں کو ہدایت کرنے والا ہے "اس کی ہدایت کا دائرہ صرف انسانوں ہی کو نہیں بلکہ جنوں کو بھی شامل ہے جیسا کہ اللہ تعالیٰ نے فرمایا:("قل اوحی الیانہ اسقع نفرمن الجن فقالوا انا اسمعنا قرانا عجبا(۱)یھدی الی الرشد فامنا بہ(سورۃ الجن:۲۰۱)"(اے محمد صلی اللہ علیہ وسلم) آپ کہہ دیں کہ مجھے وحی کی گئی ہے کہ جنوں کی ایک جماعت نے (قرآن سنا اور کہا کہ ہم نے عجیب قرآن سنا ہے جو راہ راست کی طرف رہنمائی کرتا ہے ہم اس پر ایمان لاچکے " اس قرآن کو نازل کرنے والی ذات اللہ رب العزت کی ہے، اس کی وحی لے کر اترنے والے جبرائیل امینؑ ہیں جن کے بارے میں اللہ عز و جل نے فرمایا "انہ لقول رسول کریم (۱۹)ذی قوۃ عند ذی العرش مکین(۲۵)مطاع ثم امین(۲۱))"(سورۃ التکویر ۱۹ تا ۲۱)"یقیناً یہ ایک بزرگ رسول کا کہا ہوا ہے جو قوت والا ہے عرش والے (اللہ) کے نزدیک بلند مرتبہ ہے جس کی (آسمانوں میں)اطاعت کی جاتی ہے امین ہے۔"

جس شخصیت پر یہ نازل ہوا وہ افضل البشر نازش آدم محمد مصطفی صلی اللہ علیہ و سلم ہیں جن کو دشمن بھی امین و صادق کے القاب سے باور کرتے ہیں، جس ماہ میں نازل ہوا وہ بابرکت مہینہ رمضان المبارک ہے جیسا کہ اللہ تعالیٰ نے فرمایا "شہر رمضان الذی انزل فی القرآن " (سورۃ البقرۃ: ۱۸۵)ماہ رمضان وہ ہے جس میں قرآن اتارا گیا"۔ جس شب میں یہ نازل ہوا وہ خیر و برکت والی شب لیلۃ القدر ہے جیسے اللہ کا ارشاد ہے "انا انزلناہ فی لیلۃ القدر "یقیناً ہم نے اسے شب قدر میں نازل فرمایا"......اور جس سرزمین پر یہ نازل ہوا وہ ام القریٰ مکہ معظمہ ہے۔

نیز یہ ایک ایسی کتاب ہے جس میں کسی بھی شک و شبہ کی گنجائش نہیں ہے "ذٰلک الکتب لاریب فیہ"(سورۃ البقرہ:۲)اس کتاب کے اللہ کی کتاب ہونے میں کوئی شک نہیں "کیوں کہ اس میں تا قیامت تحریف و تبدیلی اور کمی و بیشی نا ممکن ہے "و انہ لکتب عزیز(۴۱)لایاتیہ الباطل من بین یدیہ ولامن خلفہ " تنزیل تن حکیم حمید (۴۲)"(سورۃ حم السجدۃ:۴۲،۴۱)"یہ بڑی باوقعت کتاب ہے جس کے پاس باطل بھٹک بھی نہیں سکتا نہ اس کے آگے سے نہ اس کے پیچھے سے، یہ ہے نازل کردہ حکمتوں والے خوبیوں والے (اللہ) کی طرف سے"

اگر کوئی اس کی ناکام کوشش کرنا بھی چاہے تو وہ ہرگز نہیں کر سکتا کیوں کہ اس کی حفاظت کی ذمہ داری خود رب کائنات نے لے رکھی ہے فرمایا"انا نحن نزلنا الذکرونالہ لحفظون"(سورۃ الحجر:۹)ہم نے ہی اس قرآن کو نازل فرمایا ہے اور

ہم ہی اس کے محافظ ہیں"

قرآن مجید انسانوں کے لئے جہاں ذریعہ ہدایت ہے وہیں ذریعہ شفا بھی ہے اللہ رب العالمین نے فرمایا"یایھا الناس قدجاء تکم موعظۃ من ربکم وشفاء لمافی الصدور وھدیً ورحمۃ للمومنین"(سورۃ یونس: ۵۷)"اے لوگو! تمھارے پاس تمہارے رب کی طرف سے ایک ایسی چیز آئی ہے جو نصیحت ہے اور دلوں میں جو روگ ہیں ان کے لئے شفا ہے اور رہنمائی کرنے والی ہے اور رحمت ایمان والوں کے لئے۔"

مزید یہ کہ اس کی تلاوت پر ایک ایک لفظ کے عوض دس دس نیکیاں ملتی ہیں (:رسول ﷺ نے فرمایا"من قرا حرفا من کتاب اللہ فلہ بہ حسنۃ والحسنہ بعشرا مثالھا ، لاوقول "الم حرف ولکن الف حرف ولام حرف و میم حرف"جو کوئی شخص کتاب اللہ (قرآن) کا ایک حرف پڑھتا ہے جو اس کو ایک نیکی ملتی ہے اور (یہ) ایک نیکی دس نیکیوں کے برابر ہوتی ہے، میں میں کہتا کہ الم ایک حرف ہے بلکہ " الف " ایک حرف ہے بلکہ "الف "ایک حرف ہے لام ایک حرم ہے اور"میم"ایک حرف ہے)

(۱/۳سنن الترمذی:۲۹۱۰ قالالبانی: صحیح)

فرشتوں کا نزول ہوتا ہے، سکینت نازل ہوتی ہے (بخاری:۵۹۰۱۸)اور اس کے پڑھنے پڑھانے والے تمام لوگوں میں افضل اور اللہ رب العالمین کے یہاں مقرب بندے ہیں۔"وعن انس رضی اللہ تعالیٰ عنہ قال: قال رسول اللہ ﷺ وان اللہ أملین من الناس ،قالوا : من ھم یا رسول اللہ :قال أہل

القرآن هم اہل اللہ و شامتہ۔"

(۵ النسائی و ابن ماجہ والحاکم ،بحوالہ : صحیح الترغیب والترھیب رقم الحدیث : ۱۴۳۲او قال الالبانیؒ: صحیح)

نیز قرآن مجید آخرت کے لئے بھی ایک بہترین توشۂ نجات ہے ، اس کو پڑھنے والوں کے حق میں روز قیامت سفارش بھی کرے گا جس کی بنا اس شخص کو عزت کا تاج پہنایا جائے گا۔اور رضائے الٰہی بھی حاصل ہو گی ،رسولؐ فرمایا"یحیٰ القرآن یوم القیامۃ فیقول : یارب حلہ فیلبس تاج الکرامۃ ثم یقول : یارب زدہ ، نیلس حلۃ الکرامۃ ثم یقول : یا رب ارض عنہ ، فیر ضی عنہ ،فیقال لہ : اقرا وارق، مزادلکل آیۃ حسنۃ،قرآن قیامت کے دن آئے گا اور کہے گا، اے میرے رب اس کو پہنچا دے چنانچہ یہ ایک عزت بھرا تاج پہنایا جائے گا پھر (قرآن) کہے گا:"اے میرے رب اس کے لئے اضافہ فرما چنانچہ یہ شرافت و عزت اور مرتبت کا لباس پہنایا جائے گا، پھر کہے گا "اے میرے رب اس سے راضی ہو جا تو رب العزت اس شخص سے راضی ہو جائے گا پھر اس سے کہا جائے گا" پڑھ اور "جنت کی سیڑھیاں "چڑھ 'اور اس کے لئے ہر آیت کے عوض ایک نیکی بڑھا دی جائے گی)

(۶/ ۳سنن الترمذی:۲۹۱۵ قال الالبانیؒ: حسن)

چنانچہ اس شخص سے کہا جائے گا قرآن پڑھتا جا اور جنت کی سیڑھیاں چڑھتا جا تیری آخری منزل تیری پڑھی گئی آخری آیت پر ہو گی(۷/ ۴ ایضاً: ۱۹۱۴ قال الالبانی)، نور علی نور تو یہ ہے کہ اگر آدمی دنیا میں اس کو پڑھ کر اسکی تعلیم حاصل کرتا ہے اور اسی کے مطابق عمل پیرا بھی ہوتا ہے تو وہ روزِ قیامت اپنے والدین کو

نور سے بھرا ایسا تاج پہنائے گا کہ جس کے سامنے آفتاب کی روشنی بھی ماند پڑ جائے پھر وہ شخص اپنے والدین کو دنیا بھر سے قیمتی لباس پہنائے گا۔ (رواہ الحاکم بحوالہ: صحیح الترغیب والترھیب: ۱۴۳۴ قال الالبانی: حسن لغیرہ))

***

قرآن اور عزت و سربلندی

خدا شاہد ہے کہ جب تھے اہل قرآن ، عامل قرآن
انھیں کے پیچھے گامزن تھی گردشِ دوراں

(ابو المجاہد زاھدؔ)

"امت مسلمہ کی چودہ سو سالہ تاریخ شاہد ہے کہ جب اس نے قرآن کریم کو اپنا ہادی و رہنما بنایا، اسے سینے سے لگائے رکھا، اس سے روشنی حاصل کرتی رہی، اس کے احکام و فرامین کو اپنی زندگی میں نافذ کیا اور ان پر عمل پیرا رہی اس وقت تک اقوام عالم کی امامت و قیادت کی زمام اس کے ہاتھ میں رہی، کامیابی و کامرانی نے اس کے قدم چومے اور اس کی عظمت و رفعت سلم رہی، لیکن جب اس کا رشتہ کتاب اللہ سے کم زور ہوا، اس نے اسے پس پشت ڈال دیا اور قرآن تعلیمات کی جگہ نفسانی خواہشات ،ذاتی مفادات اور رسم و رواج نے لے لی تو اس کی ہوا اکھڑ گئی اس کا شیرازہ منتشر ہوگیا، اس طرح ٹوٹ پڑیں جس طرح بھوکے کھانے پر ٹوٹ پڑتے ہیں۔ ذلت و نکبت اور پس ماندگی و شکست خوردگی اس کا مقدر بن گئی۔ امت مسلمہ کے عروج و زوال کی اس تاریخ پر رسولؐ کا یہ فرمان صادق آتا ہے "ان اللہ یرفع بھذا الکتاب اقواما ویضع بہ آخرین" (صحیح مسلم:۸۱۷) اللہ اس کتاب کی وجہ سے

کچھ قوموں کو بلندی عطا کرتا ہے اور کچھ قوموں کو پستی میں ڈھکیل دیتا ہے "...اسی مضمون شاعر مشرق علامہ اقبالؔ نے اس شعر میں ادا کیا ہے۔

وہ زمانے میں معزز تھے مسلماں ہو کر

اور تم خوار ہوئے تارک قرآں ہو کر

(ماہنامہ "راہ اعتدال" عمر آباد (خصوصی اشاعت: موانعِ ترقی امت) مدیر: حبیب الرحمن اعظمی عمری حفظہ اللہ۔ مضمون از: محمد رضی الاسلام ندوی حفظہ اللہ ص ۹۳)

قرآن مجید ایک ایسی کتاب ہے جس کو اپنایا جائے تو ہر راہ پر کامیابی و کامرانی حاصل ہو گی اگر اس کو چھوڑ دیا جائے تو ذلت و رسوائی کا سامنا کرنا ہو گا اسی لئے اللہ عز و جل نے فرمایا "یضل بہ کثیرا ویہدی بہٖ کثیرا وما یضل بہٖ الا الفسقین" (سورۃ البقرہ:۲۶)"اس کے ذریعہ بیشتر کو گمراہ کرتا ہے اور اکثر لوگوں کو راہ راست پر لاتا ہے اور گمراہ صرف فاسقوں کو ہی کرتا ہے۔"

یہی وجہ ہے کہ دنیا کی نظر میں اونٹوں کو چرانے والی، لڑنے جھگڑنے والی، کم ظرف اور کمزور قوم، قوم عرب تھی لیکن جب یہی لوگ اسلام سے سر فراز ہوئے محمد صلی اللہ علیہ وسلم کی تعلیمات کو اپنایا اور قرآن کی بتائی ہوئی راہ پر چلے تو انھوں نے ہی تمام حکومتوں اور سلاطین کے سامنے سر اٹھایا اور فتح پر فتح حاصل کرتے گئے حتیٰ کہ دشمنوں کو بھی یقین ہو چلا کہ انھیں کوئی غیر معمولی سہارا مل چکا ہے۔ چنانچہ جب "جنگِ قادسیہ میں اہل فارس شکستِ فاش کھا چکے اور شہنشاہ فارس کا مشیر خاص "ہرمزان" گرفتار ہو کر امیر المومنین حضرت عمر فاروقؓ کی خدمت میں لایا گیا تو

حضرت عمرؓ نے تعجب کا اظہار کرتے ہوئے اس سے پوچھا "کیا بات ہے اس سے پہلے عرب و فارس کی جنگ میں اہل فارس کامیاب ہوتے تھے، مگر اب وہ کیوں شکست کھائے جارہے ہیں؟ اس نے کہا: "پہلے اہل عرب اکیلے لڑتے تھے، اب ان کا خدا بھی ان کے ساتھ لڑ رہا ہے۔" حضرت عمرؓ نے پوچھا: "وہ کیسے" اس نے جواب دیا: "اہل عرب جس قرآن کے پیروکار ہیں وہ ان کے خدا کی کتاب ہے، اس لئے نصرتِ الٰہی بھی ان ہی کے ساتھ ہے۔"

(ماہنامہ "راہ اعتدال" عمر آباد دسمبر ۲۰۰۳ء، ص: ۲۲، مدیر: مولانا حبیب الرحمن اعظمی عمری حفظہ اللہ)

الغرض آج بھی ضرورت ہے کہ مسلمان دوبارہ اپنے اصلی دین کی طرف لوٹ آئیں قرآن کو مشعلِ راہ اور محمد صلی اللہ علیہ وسلم کو اپنا رہنما مان کر سفر زندگی طئے کریں انشاء الہ ہمیں ہماری کھوئی ہوئی عزت ضرور بالضرور دوبارہ مل جائے گی۔

وہ زمانے میں معزز تھے مسلماں ہو کر

***

قرآن اور آپ ﷺ

قرآن سے آپ ؐ کا قلبی لگاؤ

آپ ؐ سے بڑھ کر وہ کون ہو سکتا ہے جس کا تعلق قرآن سے آپ سے بھی زیادہ ہو کیوں کہ قرآن مجید آپ ؐ ہی پر نازل ہوئی۔ آپ نے ہی سب سے پہلے اسے سمجھا، قبول کیا، خود بھی اس پر عمل کیا اور دوسروں کو بھی اس کی تعلیم دی ہے۔ یہ بات اظہر من الشمس ہے کہ کوئی بھی علم ہو، اس سے لگاؤ محبت اور شوق کے بغیر اس کو سمجھنا، اس کو حاصل کرنا، اس کی تعلیم دینا اور اس کو عملی جامہ پہنانا بھی ناممکن ہے۔

چنانچہ آپ ؐ قرات کے کے اعتبار سے بڑے خوش الحان تھے) حضرت براء بن عازب ؓ کہتے ہیں "سمعت النبی ﷺ ترفی العشاء بالتین والزیتون فما سمعت احدا احسن صوتانہ،عن ابی لبابہ قال : قالت عائشۃ : کان النبی ﷺ لاینام حتی یقرا نبی اسرائیل و الزمر " دوا۔۔نم:۴)(مسلم:1039) ہر سال رمضان المبارک میں قرآن مجید جبرئیل کو سنایا کرتے تھے سال وفات آپ ؐ نے دو مرتبہ قرآن مجید سنایا،(عن جابر ان ا النبی ﷺ کان لاینام حتیٰ یقرا الم تنزیل ، وتبارک الذی بیدہ الملک،حوالہ نمبر:۵)(عن ابی ہریرۃ قال : کان یعرض علی النبی ﷺ القرآن کل کے عام مرۃ ، یعرض علیہ مرتین فی العام الذی قبض فیہ")(بخاری:4996)دوران سفر بھی آپ ؐ تلاوتِ

قرآن مجید فرمایا کرتے تھے ،(عن عائشیہ ؓ ان النبی ﷺ کان اذا اوی الی فراشہ کل لیلۃ کمع کفیہ ثم نفث فیھما نقرا فیھما قل ھوا اللہ احد](قل اعوذ برب الفلق) (قل اعوذ برب الناس) ثم یمسح بھما ما استطاع من جسدہ : یبداء بھما علی را سہ ووجھہ وما اقبل من جسدہ یفعل ذلک ثلاث مرات ،حوالہ نمبر:٦)بخاری:1845) سونے سے قبل بھی سورہ بنی اسرائیل، سورۃ الزمر، (ترمذی: ۲۹۲۰ قال الالبانی: صحیح) سورۃ الملک اور سجدہ(۵ ایضا: ۲۸۹۲ قال الابانی: صحیح) سورۃ الاخلاص، سورۃ الفلق اور سورۃ الناس (٦ ابو داود: ۵۰۰۶ قال الابانی: صحیح) کی تلاوت فرمایا کرتے تھے(۴ ترمذی:۲۹۲۰ قال الالبانی: صحیح)

جب تہجد پڑھتے تو بکثرت قرآن کی تلاوت فرمایا کرتے تھے چنانچہ ایک مرتبہ قیام اللیل کی ایک ہی رکعت میں رسول اکرمؐ نے سورۃ البقرہ، سورۃ النساء، اور سورہ آل عمران کی تلاوت فرمائی ،(۷حذیفہ قال صلیت مع النبی ﷺ ذات لیلۃ،آل عمران فقراً ھا ، یقرا متر سلا ،اذا مربایۃ فیھا تسبیح ، سبح و اذا مر بشوال سال واذا مر بعوذ تعوذ")(مسلم: ۱۸۱۴)اسی طرح آپ معانی القرآن سے بھی بہت متاثر ہوتے تھے (حضرت ابوزرؓ فرماتے ہیں "قام النبی صلی اللہ علیہ و سلم حتیٰ اذا اصم بایۃوالایۃ: وان تعذ ، لھم فانھم عبادک وان تغفر لھم فانک انت العزیز الحکیم)چنانچہ قیام اللیل کے دوران ایک مرتبہ آپؐ نے سورۃ المائدہ کی ایک ہی آیت بار بار تلاوت فرماتے رہے حتیٰ کہ فجر ہو گئی (النسائی:۱۰۱۰ قال الالبانی: حسن) کبھی کبھی تو آپؐ کی لمبی قرات اور طویل قیام کی وجہ سے آپ کے قدم مبارک سوج جاتے تھے۔(عن عائشہ ؓ قالت : کان رسول اللہ

صلی اللہ علیہ و سلم ، اذا صلی ، قام حتیٰ تنظرت ،جلاہ تالت ، عائشہؓ : یارسول اللہ ا اتصنع ھذا غفر لک ماتقدم من ذٗنبک وماتاخر؟ فقال : لایا عائشہ ! افلا ا کون عبداً مشکورا؟)(مسلم:۷۱۲۶)

نیز آپؐ کا قرآن سے یہ قلبی لگاؤ ہی تھا کہ آپ جب کبھی کسی کو کسی علاقہ کا گورنر مقرر فرماتے تو بطور وجہ ترجیح قرآن کی تعلیم کو بھی پیش نظر رکھتے تھے، چنانچہ آپ نے حضرت عثمان بن ابی العاصؓ کو کم سنی کے باوجود طائف کا گورنر محض اس لئے مقرر فرمایا تھا کہ ان کو ان کے پورے وفد میں قرآن مجید زیادہ یاد تھا۔ نیز یمن پر مقرر کئے گئے۔ دو گورنر صحابہ حضرت ابو موسیٰ اشعریؓ اور حضرت معاذ بن جبلؓ میں بھی یہی صفت نمایاں تھی۔(۱۰عن ابی بردۃ قال : بعث رسو ل اللہ صلی اللہ علیہ وسلم ا با موسیٰ و معاذ بن جبل الیٰ اسیمن ... فقال یا عبد اللہ کیف تقرا القرآن ؟ قال : اُ تفوقہ تفوقا ،قال: فکیف تقرا انت یا معاذ؟ قال: انام اول اللیس نا قوم وقد قضیت جرئی من النوم فاء قرا وماکتب اللہ لی فا حستبست نومییکما احتسبت قومی")(بخاری:۴۳۴۱)

قرآن مجید اور آپؐ کی عملی زندگی:

آپؐ چلتا پھرتا قرآن تھے کیوں کہ آسمانی کتاب آپؐ ہی پر نازل ہوئی تھی اور آپ کے لئے ضروری تھا کہ آپ لوگوں کے لئے بطورِ نمونہ واسوہ اس کی عملی تفسیر بن جائیں۔ چنانچہ ایک مرتبہ آپؐ کے اخلاق کے متعلق کسی نے حضرت عائشہ سے پوچھا تو حضرت عائشہ نے فرمایا "فان خلق نبی اللہ کان القرآن"(مسلم :۱۷۳۹)" بے شک اللہ کے نبی کے اخلاق ہی قرآن ہے"۔

محاسن محاصد کا محور محمدؐ

کلامِ الٰہی کا مظہر محمدؐ

یہی وجہ ہے کہ آپ کی پوری زندگی قرآن کا عملی نمونہ نظر آتی ہے چنانچہ آپؐ غار حرا میں گوشہ نشینی اور عزلت کی حالت میں اللہ کی عبادت میں مصروف رہتے تھے لیکن جب اللہ کی طرف سے نبوت سے سرفراز ہوئے۔ قریبی رشتہ داروں اور پھر تمام انسانوں کو ڈرانے کا حکم ملا تو مکہ میں مخالفین کی برتر قوت اور قبائل کی سخت گیری کی پرواہ کئے بغیر آپؐ نے دعوت و تبلیغ کا کام شروع کر دیا۔" قرآن شریف نے آپؐ کو صبر و ثبات کا حکم دیا تو آپؐ مکہ میں کافروں کی مخالفتوں ،طائف میں جاہلوں کے تشدد اور مدینہ میں یہودیوں اور منافقوں کی سازشوں کے سامنے صبر و ثبات کا ایک پہاڑ معلوم ہوتے۔" ("قرآن پر عمل -۔ سمیہ رمضان ترجمہ محمد ظہیر الدین بھٹی ص:۲۵)

مدینہ میں جہاد کا حکم ملا تو پوری کی پوری مدنی زندگی جہاد میں ڈھل گئی ۔" قرآن مجید نے آپؐ کو پریشان حالوں کی مدد کا حکم دیا تو آپؐ نے قرض لے لے کر بھی حاجت مندوں کی مدد کی۔ فقر و فاقہ کا اندیشہ نہ کرتے تھے۔ تند و تیز ہوا سے بڑے کر سخاوت فرمایا کرتے تھے، قرآن حکیم نے آپؐ کو عہد کی پابندی کا حکم دیا تو کیفیت یہ تھی کہ دشمن تک بھی آپ کے وعدوں پر یقین کرتے تھے، قرآن نے عفو و درگذر کے لئے کہا تو آپؐ نے اپنے سخت ذاتی دشمنوں تک کو معاف کر دیا اور کبھی ذاتی انتقام نہیں لیا، قرآن نے رحم کرنے کا حکم دیا تو آپؐ نے انسانوں پر اتنے مہربان تھے جتنی ایک ماں اپنے چھوٹے بچے پر بلکہ اس سے بڑی کر۔ قرآن نے آپؐ

کو عدل و قسط کام لینے کے لئے کہا تو آپؐ کے عدل پر حیرت آپؐ کے صحابہؓ کو نہیں آپؐ کے دشمنوں کو بھی ہوا کرتی تھی "(ایضاً: ص:۲۱)

اور جب اللہ تعالیٰ (انبیاء کی پیروی کا) حکم دیا "اولئک الذین هدی الله فهدا هم اقنده "(سورۃ الانعام:۹۰) تو آپؐ نے ان انبیاء کی ان تمام صفات کو اپنالیا جن کی قرآن مجید میں اللہ رب العزت نے تحسین فرمائی تھی۔ حضرت نوحؑ کی اپنی دعوت پر استقامت، حضرت ابراہیمؑ کی محبت و عزم، حضرت موسیٰؑ کا اخلاص اور صلابت، حضرت عیسیٰؑ کا زہد اور اور نرم دلی، حضرت اسماعیلؑ کی اپنے رب کے حکم کے سامنے اطاعت تسلیم، حجرت داود کی اطاعت و حمد الٰہی، حضرت سلمان کی حکمت و دانائی اور شکر، حضرت یوسف ع کی عفت و احسان اور حضرت ایوبؑ کا صبر "(قرآن پر عمل "ص: ۲۲،۲۱) الغرض آپ کی پوری زندگی ہی قرآن کا عملی نمونہ تھی۔

*****

قرآن اور صحابہ کرام

قرآن سے صحابہؓ کا قلبی لگاؤ

قرآن سے صحابہ کرامؓ کا قلبی لگاؤ معلوم کرنے کے لئے یہی کافی ہے کہ صحابہ نے دولت وثروت، شہرت وعزت اور تمام خواہشات الغرض پوری دنیا سے صرف اور صرف قرآن کی راہ پر چلنے کے لئے اجنبی ہوگئے چنانچہ

(۱)حضرت ابو بکر صدیقؓ جو بڑے رقیق القلب انسان تھے قرآن مجید کی تلاوت فرماتے تو مسلسل آنسو بہتے بہتے، تلاوت میں اس قدر رقت ہوتی کہ مشرکین مکہ کے بچے، عورتیں اور مرد جمع ہو جاتے اور کڑے ہو کر قرآن مجید سنتے رہتے ،(وکان القرا اصحاب مجالس عمر و مشاورتہ کھولا کا نوا اوشباناً)(۱؎ تفصیل دیکھئے بخاری:۳۹۰۵)۔

(۲)حضرت عمر فاروقؓ از خود بھی حافظ قرآن تھے اور آپؓ نے اپنی مجلس مشاورت کے لئے بھی یہی معیار مقرر فرمایا تھا۔(۲؎/۱ بخاری: ۴۶۴۲)اور دیگر عہدوں کے لئے بھی ان کے یہاں یہ بھی ایک بڑی وجہ ترجیح صفت تھی چنانچہ ایک مرتبہ مکہ کے گورنر حضرت نافعؓ کو باہر جانا تھا تو حضرت عبد الرحمن بن اجریؓ کو نائب مقرر فرمایا اور جب امیر المومنین حضرت عمرؓ نے تفصیل پوچھی تو کہا کہ ((وہ

غلاموں میں سے ہے لیکن قرآن مجید کا سب سے بڑا قاری اور علم الفرائض کا سب سے بڑا عالم ہے" چنانچہ حضرت عمر فاروقؓ نے خوش ہو کر فرمایا'رسولؐ نے سچ فرمایا تھا کہ اللہ تعالیٰ اس کتاب کے ذریعہ بعض لوگوں کو عزت بخشتا ہے اور بعض کو ذلیل کرتا ہے۔

(۳) حضرت عبد اللہ بن عمرو کے شوق تلاوت کا یہ عالم تھا کہ حفظ قرآن کے بعد صرف ایک رات میں مکمل قرآن ختم کر لیتے۔ آپ نے ان سے فرمایا"انی اخشی ان یطول علیہ الزمان وان تمل فاقراہ فی شہر" مجھے ڈر ہے کہ تمہاری عمر دراز ہو اور تم تھلا جاؤ اسی لئے ایک ماہ میں قرآن ختم کیا کرو، تو آپؓ نے کہا کہ "دعنیٰ استمتع من توتی و شبابی" میں میری قوت اور میرے عہد شبابی سے فائدہ اٹھانا چاہتا ہوں" تو آپؐ نے فرمایا"افاقرا ہ فی بشرۃ" اس دن میں ایک قرآن پڑھو" پھر آپؓ نے اپنا جملہ دھرایا تو آپؐ نے انھیں سات دن میں ہی قرآن ختم کرنے کی تعلیم دی"(سنن ابن ماجہ:۱۳۴۶ قال الا البانی: صحیح)فاقروہ فی سبع"۔ آپؐ نے پھر اپنا وہی جملہ دھرایا اور مزید اجازت مانگی تو آپؐ نے انکار کر دیا"۔

(۴) حضرت عبد اللہ بن مسعودؓ ایمان کی دولت سے اپنی بچپن کی زندگی میں ہی بہرہ ور ہو گئے۔ اور اس کے بعد برابر رسول اکرمؐ کا سایہ بنے رہے قرآن کی تعلیم کے بڑے مشتاق تھے ایک رات دورانِ نماز بآواز بلند قرآن کی تلاوت کر رہے تھے رسولؐ تشریف لائے سنتے رہے پھر صحابہ کرامؓ کی طرف متوجہ ہو کر فرمایا"من احب ان یقرا القرآن غضا کا انزل فلیقرا ة ابن ام عبد "(سنن ابن

ماجہ:۱۳۸ قال الالبانیؒ: صحیح) جس کو یہ پسند ہو کہ وہ قرآن کو اس کے نازل شدہ لہجہ میں پڑھے تو چاہئے کہ وہ ابن مسعود کا لہجہ اپنائے"

(۵) حضرت ابی بن کعبؓ کا قرآن سے بڑا شغف تھا بڑی خوب صورت آواز میں تلاوت فرماتے تھے ایک مرتبہ آپؐ نے ان کی آواز میں قرآن سننے کی خواہش ظاہر کی تو انھوں نے پوچھا کہ "کیا اللہ نے میرا نام لیا ہے؟ آپؐ نے فرمایا" ہاں"

(۶) حضرت عقبہ بن عامرؓ بڑی دل سوز آواز میں قرآن مجید کی تلاوت فرماتے جسے سن کر صحابہ کرامؓ کی آنکھوں سے بے اختیار آنسو جاری ہوتے ایک مرتبہ حضرت عمرؓ نے حضرت عقبہؓ کو بلایا اور فرمایا "عقبہ! قرآن سناؤ" حضرت عقبہؓ نے قرآن مجید کی تلاوت شروع کی تو حضرت عمرؓ نے تلاوت سن کر اس قدر روئے کہ داڑھی آنسوؤں سے تر ہو گئی۔

(۷) حضرت اسید بن حضیرؓ نے قرآن سن کر ہی ایمان لایا تھا اور ایمان لانے بعد بھی اسی سے لگاؤ رکھتے تھے جب سارا عالم نیند کی آغوش میں ہوتا تو آپؓ بڑی خوش الحانی سے قرآن کی تلاوت فرماتے تھے، (۲ بخاری:۵۰۱۸)

(۸) حضرت عباد بن بشر اپنی تلاوت کی وجہ سے صحابہ میں " قرآن دوست " سے مشہور تھے چنانچہ "غزوۃ ذات الرقاع کی واپسی کے موقعہ پر پڑاؤ کیا گیا تو حضرت عباد بن بشرؓ اور عمار بن یاسرؓ دونوں پہرہ دینے کے لئے راضی ہو گئے اور دونوں کی آپسی مشاورت کے بعد حضرت عبادؓ نے پہلی رات پہرہ کرنا چاہا تو وقت کے ضائع ہونے کے لئے انھوں نے اللہ کے حضور قیام کیا اور سورہ کہف کی تلاوت فرما رہے تھے کہ دشمن نے تیر پھینکا اور انھوں نے تیر نکال لیا اور برابر نماز میں مگن رہے اس

طرح تین مرتبہ ہوا تیسری مرتبہ جب نماز ختم کی تو اپنے ساتھی حضرت عمارؓ کو جگایا چنانچہ حضرت عمارؓ نے پوچھا کہ پہلی تیر پر ہی تم نے مجھے کیوں آگاہ نہ کیا تو کہنے لگے اللہ کی قسم! اگر مجھے رسولؐ کی دی ہوئی ذمہ داری کا احساس نہ ہوتا تو میری جان ہی جاتی تب بھی میں نماز اور تلاوت کا سلسلہ منقطع نہ کرنا۔

(۹) حضرت سالم مولیٰ ابی حذیفہؓ کے بارے میں آتا ہے کہ ایک مرتبہ آپؐ رات دیر ٹھہر کر ان کی تلاوت سنتے رہے اور حمد و ثنا ان الفاظ میں بیان فرمائی "اس اللہ کا شکر ہے جس نے میری امت میں ایسی تلاوت کرنے والے لوگ پیدا فرمائے ہیں" نیز ہجرت کے بعد آپؐ کی آمد سے قبل مقام عصبہ میں مہاجرین کی امامت یہی کیا کرتے تھے۔

(۱ سنن ابی داود: ۵۸۸ قال الالبانی: صحیح)

قرآن اور صحابہ کی عملی زندگی

"صحابہ کرام نے قرآن مجید پر عمل کر کے ایک ایسا معیار قائم کر دیا ہے جس کی نظیر پوری انسانی تاریخ میں نہیں مل سکتی۔ وہ ہر آیت پر عمل پیرا ہونے کے لئے ہمہ وقت اور ہمہ تن آمادہ رہتے۔ تحویلِ قبلہ کا حکم سنتے ہی نئے قبلہ کی طرف منہ پھیر لیتے ہیں۔ ادھر شراب کی حرمت کا حکم آتا ہے اور ادھر جو جام ہونٹ تک آ چکے تھے وہ واپس چلے جاتے ہیں اور مدینے کی گلیوں میں شراب بہہ نکلتی ہے، اس کے برتن تک توڑ دئے جاتے ہیں۔ چار سے زائد بیویاں رکھنے کی ممانعت آئی ہے تو لوگ فوراً اپنی عزیز بیویوں کو رخصت کر دیتے ہیں۔ اسی طرح حکم آتے ہی مشرک عورتوں کی تفریق کر دی جاتی ہے۔ جب یہ آیت اترتی ہے "لن تنا لوا البر حتیٰ تنفقو امماتحبون" (سورۃ آل عمران: ۹۲) تو حضرت طلحہؓ اپنا محبوب ترین باغ اللہ کی راہ میں دے دیتے ہیں۔ جب قرآن کریم نے حکم دیا کہ حضورؐ کی خدمت میں حاضر ہونا (خدا کی ناراضی کے ڈر سے) چھوڑ دیا۔ چنانچہ حضورؐ نے کسی سے پوچھا کہ وہ بیمار تو نہیں ہیں؟ تفتیش پر انھوں نے بتایا کہ میں اونچی آواز سے بولنے کا عادی ہوں اور آیت کے بموجب وعید کا مستحق ہوں۔ حضورؐ نے فرمایا آپ تو "جنتی" ہیں' جب پردے کا حکم ہوا تو سب عورتیں اپنی چادریں لٹکاتیں اور اسی

طرح معلوم ہوتا تھا کہ ان کے سروں پر کوے بیٹھے ہوئے ہیں '۔ (ماہنامہ "راہ اعتدال" عمر آباد (خصوصی شمارہ: قرآن نمبر) ص: ۱۰۸، ۱۰۷)

※ ※ ※

قرآن اولیٰ کے مسلمانوں کی عزت کی چند جھلکیاں

مسلمانو پہلے الٰہی ہدایات کے مطابق زندگی کاٹتے تھے ان کے اخلاق و آداب، معاملات و عبادات اور انکی معاشرتی زندگی الغرض سب کچھ رب العالمین کے بتائے ہوئے طریقہ کے مطابق ہوتا تھا، کوئی چوری چھپے بھی کسی گناہ اور کسی جرم کا ارتکاب نہیں کرتا تھا، وعدے کے پکے بات کے سچے تھے، اپنوں سے تو دور غیروں سے بھی انصاف سے صحیح معاملات کیا کرتے تھے، ان کے اخلاق کہتے تھے کہ پوری انسانیت اپنی ہی ایک برادری ہے یہی وجہ تھی کہ صاف دل اور انصاف پسند غیر بھی انھیں مانتے تھے ان پر اعتماد کرتے تھے اور ان کی عزت کرتے تھے جس کی مثالیں پوری تاریخ میں بھری پڑی ہیں جیسے "حضرت ابو بکرؓ سرزمین حبشہ کی طرف ہجرت کے لئے نکلے، برک غماد تک جا پہونچے تو ابن الدغنۃ قبیلۂ قارہ کے سردار سے ملاقات ہوئی تو اس نے پوچھا: اے ابو بکر کہاں کا ارادہ ہے؟ تو ابو بکرؓ نے کہا: میری قوم نے مجھے نکالا ہے میں چاہتا ہوں کہ زمین پر چل نکلوں اور اپنے رب کی عبادت کروں ابن الدغنۃ نے کہا: "اے ابو بکر تم سا شخص نہ نکلے گا اور نہ نکالا جائے گا آپ تو تنگ دست کے کام آتے ہیں، صلہ رحمی کرتے ہیں، دوسروں کا بوجھ اٹھاتے، مہمانوں کی مہمان نوازی کرتے ہیں اور راہ حق میں کام آتے ہیں، میں تمہیں پناہ

دوں گا آپ جائیے اپنے شہر میں اپنے رب کی عبادت کیجئے "(البخاری:۳۹۰۵)

یہ تصویر تو اخلاقی پہلو کی تھی ورنہ پوری دنیا کی نظر میں حکومت و سلطنت، رعب و دبدبہ، عزت اور غلبی کے لحاظ سے بھی مسلمان آسمان کی اونچائی پر تھے چنانچہ "سن عیسوی کے حساب سے امت مسلمہ کی تاریخ کا آغاز ساتویں صدی سے ہوتا ہے، اس لئے کہ آنحضورؐ کی ولادت باسعادت ۵۷۱ء میں ہوئی ۶۱۰ء میں آپؐ نے اپنی دعوت کا آغاز فرمایا اور محتاط ترین حساب کے مطابق اپریل ۶۳۲ء میں آپؐ جزیرہ نمائے عرب کی حد تک اسلامی انقلاب کی تکمیل فرما کر "رفیق اعلیٰ" سے جا ملے، فصلی اللہ علیہ وبارک وسلم تسلیماً کثیراً۔ خلفاءِ ثلاثہ یعنی حضرات ابو بکر صدیقؓ، عمر فاروقؓ اور عثمان غنیؓ کے عہدِ خلافت کے دوران "اسپین "ایک ہاتھ میں قرآن اور دوسرے ہاتھ میں تلوار لے کر ایک سیلاب کے مانند جزیرہ نمائے عرب سے نکلے اور انہوں نے ایک ربع صدی سے بھی کم میں ایران و عراق، شام و فلسطین اور مصر کے علاوہ شمالی افریقہ کے بڑے رقبے پر اسلام کا پرچم لہرادیا۔

حضرت علیؓ کے عہد خلافت میں تو یہ عمل رکا رہا لیکن بنو امیہ کے دور کے آغاز کے ساتھ ہی اس سیلاب نے دوبارہ آگے بڑھنا شروع کر دیا اور تھوڑے ہی عرصے میں ایک طرف مشرق میں ترکستان، افغانستان اور سندھ تک اور دوسری طرف مغرب میں پورے شمالی افریقہ کے علاوہ سپین سمیت مغربی یورپ کا وسیع علاقہ "امبین" کے زیر نگین آگیا اور عالم اسلام کی سرحدیں تین براعظموں تک وسیع ہو گئیں۔ یہی وہ زمانہ تھا جب عرب افواج اندلس سے پیش قدمی کرتے ہوئے فرانس کے عین قلب تک جا پہنچی تھیں۔"

('سابقہ اور موجودہ مسلمان امتوں کا ماضی، حال اور مستقبل ... " از مفسر قرآن ڈاکٹر اسرار احمد ص:۳۶)

چنانچہ یہی وجہ ہے کہ چار دانگ عالم میں مسلمانوں کی عظمت کا ڈنکا بجتا تھا۔ پوری دنیا ان کے نام سے گھبراتی تھی، ہر جگہ ان کی عزت اور ان کا زور تھا بادشاہ ہوں یا رعایا تمام ان سے دبتے تھے۔ لہذا بطورِ مثال دو واقعات مندرجہ ذیل ہیں۔

(۱) 622ء میں سیدنا امیر معاویہؓ نے قسطنطنیہ کی تسخیر کے لئے لشکر بھیجا جس میں اسی (۸۰) سالہ بوڑھے حضرت ابو ایوب انصاری رضی اللہ تعالیٰ عنہ بھی شامل تھے۔ دوران مہم اللہ کو پیارے ہو گئے۔ چنانچہ انھیں سرزمین عدو میں ہی دفنایا گیا۔ قیصر روم کو خبر ملی تو اس نے اعلان کیا کہ اسلامی لشکر کی واپسی کے بعد میں میت کی ہڈیاں قبر سے نکال کر باہر پھینک دوں گا، قیصر کے اس گستاخانہ اعلان پر امیر لشکر نے جواب دیا "اگر تم نے ایسا کیا تو اللہ کی قسم! یاد رکھ مسلمانوں کی وسیع و عریض سلطنت میں جتنے بھی گرجے ہیں ان سب کو منہدم کر دیا جائے گا اور سارے عیسائیوں کی قبروں کو اکھاڑ پھینکا جائے گا۔ قیصر نے جب یہ جواب سنا تو فوراً پیغام بھیجا" میں تو محض تمہاری دینی غیرت اور حمیت کا امتحان لے رہا تھا، کنواری مریم کی قسم! ہم تمہارے نبی کے صحابی کی قبر کا احترام اور حفاظت کریں گے۔"

("فضائل قرآن مجید "از محمد اقبال احمد کیلانی ص:۸۳)

(۲) معرکۃ القادسیہ کے موقعہ پر رستم نے بات چیت کے لئے مسلم قاصدوں کو طلب کیا چنانچہ جب ربعی بن عامر رضی اللہ تعالیٰ عنہ کی باری تھی تو رستم کا عظیم الشان دربار زینت و خوب صورتی سے بھر دیا گیا۔ رستم کے بادشاہت کی کرسی بہت

ہی وسیع اور سونے کی تھی اس کے سر پر شاندار تاج تھا۔ ریشمی قالینیں بچھی ہوئی تھیں اور دربار میں جگہ جگہ یاقوت وموتی اور قیمتی پتھر نظر آرہے تھے۔ "ربعی بن عامرؓ معمولی کپڑوں میں ملبوس، درمیانی اسلحوں کو لے کر چھوٹے سے گھوڑے پر آئے اور اپنی سواری سیدھے قالین تک لے جاتے ہوئے ریشمی قالینوں کو روند دیا پھر گھوڑے سے اتر کر ریشم کے ایک ٹکڑے سے گھوڑے کو باندھ دیا اور رستم کی طرف اسلحہ کے ساتھ قالین کو چیرتے ہوئے آگے بڑھے۔ درباریوں نے کہا اپنے ہتھیار اتارو، ربعی بن عامرؓ نے کہا: "میں خود تمہارے یہاں نہیں آیا ہوں بلکہ تم نے ہی مجھے بلوایا ہے۔ اگر تم چاہتے ہو تو اسی طرح رہوں گا ورنہ چلے جاؤں گا" بات رستم تک پہونچائی گئی تو رستم نے کہا: تم انھیں اجازت دو، چنانچہ آپؓ اپنے نیزہ کے بل پر قالینوں کو چیرتے ہوئے جاتے ہیں"۔ (تاریخ الاسلامی محمود شاکر، ج:۳۔۴ ص:۱۷۴،۱۷۵)

*****

اور ہم خوار ہوئے تارک قرآں ہو کر

قرآن اور ہم موجودہ مسلمان

"اندھیری رات ہو" جھکڑ چل رہے ہوں، راستہ ٹیڑھا ٹیڑھا اور ناہموار ہو، جھاڑ جھنکاڑ کی وجہ سے سانپ بچھو اور دیگر موذی جانوروں اور حشرات الارض کا ہر وقت کھٹکا لگا ہو، ایسے میں ایک شخص چلا جارہا ہو، اس کے ہاتھ میں ٹارچ ہو، لیکن اسے اس نے بجھار کھا ہو، اس شخص کی بے وقوفی پر ہم میں سے ہر ایک کو ہنسی آئے گی۔ وہ ٹارچ جلا کر اپنا راستہ دیکھ سکتا ہے، راہ کی ناہمواریوں میں گرنے پڑنے سے بچ سکتا ہے، موذی جانوروں سے اپنی حفاظت کر سکتا ہے، لیکن اس کی مت ماری گئی ہے کہ وہ ٹارچ جیسی مفید چیز اپنے پاس ہوتے ہوئے اس سے فائدہ نہیں اٹھا رہا ہے، اسے بجھار کھا ہے اور اندھیرے میں ٹامک ٹوئیاں مار رہا ہے۔

ایسے بے وقوف شخص پر ہم جتنا چاہیں ہنس لیں، لیکن حقیقت میں ٹھیک ایسا ہی رویہ ہم مسلمانوں نے قرآن کے ساتھ اختیار کر رکھا ہے۔ ہم مصائب و مشکلات کا شکار ہیں۔ دشمن ہم پر شیر ہو گئے ہیں اور ہمیں نقصان پہونچانے کے لئے طرح طرح کی سازشیں کر رہے ہیں۔ ہمیں صحیح راہ عمل سجھائی نہیں دے رہی ہے۔ ایسی صورت حال میں قرآن کی شکل میں ہمارے پاس ایک روشنی موجود ہے جس سے

ہم گھٹاٹوپ تاریکیاں دور کرسکتے ہیں، اپنی مشکلات ومسائل کا ازالہ کرسکتے ہیں، اس کی رہنمائی میں ترقی اور کامیابی کی منزلیں طئے کرسکتے ہیں۔ لیکن ہم نے اسے گل کر رکھا ہے اور اس سے فائدہ نہیں اٹھارہے ہیں"

(۱"ماہنامہ "راہِ اعتدال" عمر آباد مدیر: مولانا حبیب الرحمن اعظمی عمری حفظہ اللہ، مضمون نگار: مولانا رضی الاسلام ندوی حفظہ اللہ، ص: ۹۲)

چنانچہ اگر ہم قرآن سے تعلق کے لحاظ سے مسلمانوں کا جائزہ لیں گے تو ہمیں چھ قسم کے مختلف لوگ نظر آئیں گے۔۔۔لہذاوہ تقسیم مندرجہ ذیل ہے۔

(۱) پہلی قسم کے لوگ وہی ہیں جن کے آباواجداد مسلمان تھے لہذا یہ بھی مسلمان پیدا ہو گئے ان کے بعض ناموں سے تو اسلام نظر آتا ہے ورنہ اکثروں کے نام سے اسلام کی دور دور تک خوشبو بھی نہیں آتی ہے۔ لہذا ان میں سے بعض اتنا تو جانتے ہیں کہ ہم مسلم قوم ہیں، اللہ تعالیٰ اور اس کے رسول کو ماننے والے ہیں۔ہماری ایک کتاب ہے جس کا نام قرآن ہے لیکن جو ان کے پاس یہ موجود ہوتی ہے اور نہ ہی کبھی یہ اس کی تلاوت کئے ہوتے ہیں اور ان میں سے بعض تو نبی آخرالزماں اور اس کتاب ہدایت کا نام تک بڑی مشکل سے ادا کر پاتے ہیں۔ ایسے لوگ یا تو وہ ہیں جو ازحد غریب ہوتے ہیں یا پھر وہ جن کو دنیا کی زینت و خوشبو اور رنگینی نے دین سے اندھا بہرہ اور گونگا کر دیا ہوتا ہے۔

(۲) دوسری قسم کے لوگ وہ ہیں جو جانتے ہیں کہ قرآن مجید کتابِ ہدایت ہے اور یہ ان کے پاس موجود بھی ہوتا ہے لیکن یہ کبھی نہ اس کی تلاوت کرتے ہیں اور نہ ہی اس کی باتوں کو جاننے کی کوشش کرتے ہیں۔ہاں اگر ان کا اس قرآن سے

کوئی تعلق ہوتا ہے تو وہ بس یہ ہے کہ ریشمی جزدانوں میں لپیٹ کر رکھا جائے اور مختلف امراض کے علاج کے لئے قسم کھانے کے لئے ،جنات اور بھوت پریت بھگانے کے لئے مردہ پر پڑھنے کے لئے ،درکانوں مکانوں کے خیر وبرکت کے ساتھ افتتاح کے لئے اور تعویذ وطغرے بنانے کے لئے ہی استعمال کیا جائے۔ جس کا نقشہ قرآن کی زبانی مولانا ماہر القادری نے کیا خوب کھینچا ہے

طاقوں میں سجایا جاتا ہوں، آنکھوں میں لگایا جاتا ہوں
تعویذ بنایا جاتا ہوں، دھو دھو کے پلایا جاتا ہوں
جزدان حریر وریشم کے اور پھول ستارے چاندی کے
پھر عطر کی بارش ہوتی ہے، خوشبو میں بسایا جاتا ہوں
جس طرح سے طوطا مینا کو، کچھ بول سکھائے جاتے ہیں
اس طرح پڑھایا جاتا ہوں، اس طرح سکھایا جاتا ہوں
جب قول وقسم لینے کے لئے، تکرار کی نوبت آتی ہے
پھر میری ضروری پڑتی ہے، ہاتھوں پہ اٹھایا جاتا ہوں

اسی طرح کے لوگ اکثر تو درمیان طبقہ سے تعلق رکھتے ہیں، ورنہ ہر طبقہ میں بھی اس طرح کے لوگ بکثرت پائے جاتے ہیں۔

(۳) تیسری قسم کے لوگ وہ ہیں جن کو قرآن کی معرفت حاصل ہوتی ہے جس کی وہ تلاوت بھی کرتے ہیں۔ لیکن غور وفکر اور تدبر سے کوسوں دور ہوتے ہیں اور یہ کوشش بھی نہیں کرتے کہ کبھی جانیں اس کتاب قرآن مجید میں آخر کیا کچھ

تعلیمات موجود ہیں ان کا اہتمام قرآن سے بس یہ ہے کہ رمضان میں یا پھر عام اوقات میں حفاظ کرام اور علماء کرام سے پڑھ لیں اور خود بھی کبھی تلاوت کرلی۔ لیکن ان کا یہ پڑھنا طوطا مینا کی بولی سے بڑھ کر سوائے اجر و ثواب کے اور کوئی حیثیت نہیں رکھتا۔ اس طرح کے اکثر لوگ وہ ہیں جن کے پاس دین کا ناقص تصور ہوتا ہے وہ اسلام کے بس اپنانے کو ہی کافی سمجھتے ہیں جب کہ مطالبہ تو اسلام کو اپنانے' سمجھنے، سمجھانے اور عمل کرنے کا ہے۔

(۴) چوتھی قسم کے لوگ وہ ہیں جن کو قرآن کی معرفت حاصل ہوتی ہے، قرآن کو پڑھنے سمجھنے اور اس میں غور و فکر پر بھی قادر ہوتے ہیں لیکن ان کے خون میں وہ گرمی نہیں ہوتی ہے کہ وہ ان تعلیمات قرآنی کو عملی جامہ پہنائیں۔ ان کا ضمیر انھیں قدم قدم پر بتاتا بھی ہے کہ دیکھو قرآن کی یہ تعلیم ہے۔ قرآن کا یہ راستہ ہے لیکن آخر کار ان پر دنیا ہی غالب آجاتی ہے۔ اور مختلف نفسانی خواہشات انھیں اپنے پھندے میں پھنسا لیتی ہے، ان میں سے بعض تو خود بھی اس علم سے فائدہ نہیں اٹھاتے اور دوسروں کو بھی اسی علم سے فائدہ نہیں پہونچاتے ہیں، لیکن ان میں سے بعض گرچہ خود فائدہ نہیں اٹھاتے لیکن دوسروں کو کبھی کبھی فائدہ پہونچا دیتے ہیں۔ یا پھر خود تو فائدہ اٹھاتے ہیں لیکن کبھی اس کی تبلیغ نہیں کرے۔

(۵) پانچویں قسم کے لوگ وہ ہیں جن کو چاہئے تھا کہ قرآن ہی کو اپنی خواہشات، اپنے برے اعمال اور اپنے بے کار افکار و نظریات کی طرف پھیرنے کی ناپاک کوشش کرتے ہیں "مثلاً قرآن نے ہر طرح کا سود حرام قرار دیا ہے، مگر وہ کہتے ہیں کہ قرآن نے صرف مہاجنی سود کو حرام کیا ہے۔ بینک، انٹرسٹ پر اس کا

اطلاق نہیں ہوتا۔ قرآن نے عورتوں کے لئے پردہ کے مخصوص احکام دئے ہیں، مگر وہ کہتے ہیں کہ قرآن میں پردہ کے احکام عہد نبوی میں صرف ازواجِ مطہرات کے ساتھ خاص تھے، عام مسلمان عورتیں اللہ کی مخاطب نہ اس عہد میں ولی نہ اب ہیں"

(ماہنامہ "راہِ اعتدال" عمر آباد (خصوصی شمارہ: موانع ترقی امت) ص:96)

علامہ اقبالؒ نے جابجا ان پر بجا تنقید کی ہے۔

احکام ترے حق ہیں مگر اپنے مفسر
تاویل سے قرآن کو بنا سکتے ہیں پازند

دوسری جگہ کہا

اسی قرآں میں ہے ترکِ جہاں کی تعلیم
جس نے مومن کو بنایا مہ وپرویں کا امیر
قرآن کو بازیچہ تاویل بنا کر
چاہے تو خود اک تازہ شریعت کرے ایجاد
خود بدلتے نہیں قرآں کو بدل دیتے ہیں
ہوئے کس درجہ فقیہانِ حرم بے توفیق

****

موجودہ مسلمانوں کی ذلت و رسوائی کی چند جھلکیاں

اس میں کوئی شک نہیں ہے کہ اسلام ہی سچا مذہب ہے، قرآن برحق کتاب ہے، محمد صلی اللہ علیہ وسلم آخری نبی ہیں اور ان کی امت، امتِ مسلمہ ہے جس سے اللہ رب العالمین نے وعدہ کیا تھا کہ تم ہی سربلند رہو گے اور باعزت رہو گے۔ لیکن کیا بات ہے کہ پوری دنیا میں اگر دیکھا جائے تو معلوم ہو گا کہ آج صرف اور صرف مسلمانوں کے گھروں پر ہی بجلیاں گرتی ہیں انھیں کی بستیوں کو اجاڑا جاتا ہے، انھیں کی عورتوں کی عصمتیں لوٹی جاتی ہیں۔ انھیں کے بچوں کو یتیم اور عورتوں کو بیوہ بنایا جاتا ہے گویا لگتا ہے "غیر المغضوب علیھم" کے مصداق یہود نہیں خود ہم مسلمان ہیں۔

چنانچہ اگر ہم عالمی سطح پر مسلمانوں کی ذلت و رسوائی کی مختصر تصویر دیکھنا چاہیں تو معلوم ہو گا کہ مسلمان "تعداد میں سوا ارب سے زائد ہونے کے باوجود ع" کس نمی پرسد کہ کیستی" کے مصداق بین الاقوامی سطح پر ان کی رائے کی کوئی حیثیت نہیں۔ سارے عالمی معاملات G.7 یا زیادہ سے زیادہ G150 طے کرتے ہیں اور بین الاقوامی مسائل میں سارے اقدامات کا فیصلہ یو این او اور اس کی سیکیورٹی کونسل کے پردے میں صرف امریکہ اور اس کے چند حواری (بالخصوص انگلستان

اور فرانس) کرتے ہیں۔ ہمارے بڑے بڑے ملکوں اور بڑی شان و شوکت کی حامل حکومتوں کے جملہ معاملات بھی کہیں اور طئے ہوتے ہیں، ہماری داخلی اور خارجہ حکمت عملی کہیں اور بنتی ہے، یہاں تک کہ ملکی بجٹ اور ٹیکسوں کے ضمن میں "ہدایات" باہر سے آتی ہیں، مزید بر آں ہمارے وسائل پر بالفعل اغیار کا قبضہ ہے اور ہمارے دولتمند ترین ملکوں کی تمام تر دولت بھی اصلاً غیروں کے دستِ اختیار میں ہے کہ اگر ذرا ان کی مرضی کے خلاف ادنیٰ جنبش بھی کریں تو چشم زدن میں ان کی کل دولت اور سرمایہ "منجمد" کر کے گویا صفر بنا کر رکھ دیں۔ الغرض ہماری کیفیت اس وقت بالکل وہی ہے جس کا نقشہ نبی اکرم صلی اللہ علیہ وسلم نے اپنی ایک حدیث مبارک (رواہ احمدؒ و ابو داود عن ثوبانؓ) میں کھینچا تھا کہ: "مجھے اندیشہ ہے کہ ایک زمانہ ایسا آئے گا کہ نہایت کثیر تعداد میں ہونے کے باوجود تمہاری حیثیت سیلاب کے ریلے کے اوپر کے جھاگ سے زیادہ نہیں رہے گی۔

('سابقہ اور موجودہ مسلمان امتوں کا ماضی، حال اور مستقبل..." مفسر قرآن: ڈاکٹر اسرار احمد ص:۹)

ایک وقت تھا کہ اگر کسی مسلمان کو دنیا کے کسی کوچہ میں ستایا جاتا یا لوٹا جاتا تو پورے مسلمان ایک ہاتھ ہو جاتے تھے لیکن کیا بات ہے کہ آج اتنی کثرتِ تعداد کے باوجود کسی ملک بھر میں بھی مسلمانوں کو ستایا جاتا ہے تو بھی کسی اسلامی مملکت کے حکمراں کی زباں حرکت نہیں کر سکتی ہے۔ چنانچہ "بھارت میں بابری مسجد کے گرائے جانے پر پچاس سے زائد نام نہاد مسلمان حکومتوں میں سے کسی ایک کو بھی یہ جرات نہیں ہوئی کہ ہند کی حکومت سے یہ کہہ سکتی کہ اگر مسجد فی الفور دوبارہ تعمیر نہ

کی گئی تو ہم سفارتی یا اس سے بھی کم تر درجہ میں تجارتی تعلقات منقطع کر لیں گے۔ گویا عزت و وقار کے ساتھ غیرت ملی کا جنازہ بھی نکل چکا ہے اور سو ارب سے زیادہ افراد پر مشتمل عالمی ملت اسلامیہ اس وقت بالفعل ع" جماعت نام تھا جس کا گئی تیمور کے گھر سے "کا نقشہ پیش کر رہی ہے۔"(سابقہ اور موجودہ مسلمان امتوں کا ماضی، حال اور مستقبل..."از مفسر قرآن ڈاکٹر اسرار احمد، ص:۱۱)

*****

شاید کہ اتر جائے تیرے دل میں بات میری

اسباب اور علاج

قرآن سے دوری کے چند اسباب

ہیں آج کیوں ذلیل کہ کل تک نہ تھی پسند
گستاخی فرشتہ ہماری جانب میں

اللہ رب العالمین نے انسانوں کی ہدایت کے لئے قرآن مجید نازل کیا جو انسانوں کو سیدھی راہ بتا کر جنت کی طرف کھینچ لے جاتا ہے۔ لیکن ساتھ ہی شیطان رجیم نے بھی حضرت انسان کو اس دنیا میں گمراہ کرنے کا وعدہ کیا ہے "معزتکلاغوینہم اجمعین" (۸۲) الاعبادک منہم المخلصین(۹۳) "(سورۃ ص: ۸۲،۸۳)

اس لئے اس شیطان نے بھی قرآن سے دور رکھنے کے لئے انسانوں کو مختلف خوب صورت جالوں میں پھنساتا ہے، ہاں یہ بات بھی ماننا ہو گا کہ انسانوں کی غفلت سستی اور لاپرواہی بھی قرآن سے دوری پیدا کرنے میں بہت بڑا کردار نبھاتی ہے چنانچہ چند ایسے ہی اسباب مندرجہ ذیل سطروں میں بیان کئے جا رہے ہیں۔

(۱) قرآن کی فضیلت سے عدم واقفیت

اگر ہم تمام مسلمانوں کا جائزہ لیں گے تو ہمیں اکثریت ایسی ملے گی جو قرآن کے بارے میں بس اتنا جانتی ہے کہ یہ ہماری ایک مقدس کتاب ہے، اس کی عزت کرنا چاہئے، اس سے قسمیں ڈلوانا چاہئے، شادیوں میں بطورِ تحفہ دینا چاہئے اور مردہ پر پڑھنا چاہئے لیکن صحیح معنوں میں قرآن کی جو مشروع و منصوص فضیلت ہے اس سے اکثر مسلمان ناواقف ہے۔ لہذا اس میں قصور جہاں ان غافلوں کا ہے وہیں پر ایک بڑی حد تک علماء کرام کا بھی ہے، اگر علماء کرام یہ سب کچھ لوگوں کو بتاتے بھی ہیں تو بس وہیں بتاتے ہیں جہاں انہیں مدعو کیا جاتا ہے جیسے خطبہ جمعہ اجتماع یا پھر اور کسی مناسبت سے، ورنہ تو پھر عام مسلمانوں تک اسلام کی بات پہنچانے کا کوئی حکمت بھرا صحیح طریقہ اور جذبہ ان کے پاس ناپید ہے۔

(۲) والدین کی بے توجہی

یہ بات قابلِ انکار ہے کہ چھوٹے بچے اس چھوٹے سے پودے کے مانند ہوتے ہیں جس کا رخ اس کے ابتدائی حصہ میں ہی جس طرف چاہیں کریں تو وہ پودا اپنی زندگی کے سارے لمحے اسی رخ کی طرف بڑھاتے ہوئے گذار دیتا ہے۔ اور اگر اس کو اس کے ابتدائی حصہ میں کوئی مقصود و مخصوص رخ نہ دیا جائے تو وہ اپنے ہی رخ پر پروان چڑھے گا، باعثِ زحمت بنے گا بالآخر نتیجتاً اس کو کسی مفید کام کے درمیان حائل ہونے کی وجہ سے کاٹ دیا جائے گا، ٹھیک اسی طرح بچپن کا زمانہ بھی ہوتا ہے ۔ جس کے بارے میں کہا جاتا ہے "العلم فی الصغر کالنقش علی الحجر" بچپن کا علم پتھر

کی لکیر ہوتا ہے۔

اسی رو سے شریعت نے والدین کو یہ تعلیم دی ہے کہ وہ اپنے بچوں کی ان کی عمر کے ساتھ ساتھ ان کی صحیح تربیت کرتے رہین جیسا کہ اللہ رب العالمین نے فرمایا"یا ایھا الذین اٰمنو اقوآ انفسکم و اہلیکم نارا "(سورۃ التحریم:٦) اے ایمان والو ! تم اپنے آپ کو اور اپنے گھر والوں کو اس آگ سے بچا"

چنانچہ آج امت کی قرآن سے جو اس قدر دوری ہے اس کے اہم اسباب میں سے ایک سب سے بڑا سبب والدین کا اپنے بچوں کی غلط خواہشات کی تکمیل کر کے انھیں عیش و آرام میں رکھنے کی فکر میں ان کی تربیت سے بے توجہی برتنا بھی ہے، اور یہ حقیقت ہے کہ اس سے بڑھ کر اور کوئی خسارہ نہیں ہے اللہ تعالیٰ نے فرمایا " قل ان الخسرین الذین خسروا انفسکم و اہلیھم یوم القیامۃ الاذلک ھوا الخسران المبین"(سورۃ الزمل:١٥) کہہ دیجئے !کہ حقیقی زیاں کار وہ ہیں جو اپنے آپ کو اور اپنے اہل کو قیامت کے دن نقصان میں ڈال دیں گے ، یاد رکھو کہ کھلم کھلا نقصان ہی ہے۔

(٣)ٹی وی(T.V)کاغلط استعمال

یہ بات سچ ہے کہ ٹی وی کا اگر صحیح استعمال کریں تو کوئی مضائقہ نہیں لیکن آج ٹی وی کا جو اکثر غلط استعمال ہو رہاہے وہ دین کی بہت سی باتوں میں رکاوٹ بن رہا ہے ،انھیں میں سے ایک قرآن مجید سے تعلق رکھتا بھی ہے ، چنانچہ غور کریں کہ آج کون سا ایسا گھر ہے جہاں ٹی وی کا غلط استعمال نہ ہو رہاہو، چاہے بڑا ہو یا چھوٹا، مرد ہو یا

عورت تمام کے تمام زندگی کے فارغی اوقات چاہے صبح کا وقت ہو یا رات کی گھڑی اسی میں لگا دیتے ہیں (الا ماشاء اللہ جو اس کا صحیح استعمال کرتے ہوں) اگر کوئی یہ سوچتا ہے کہ اس قرآن سے غفلت میں ٹی وی کا کوئی ہاتھ نہیں ہے تو میں پوچھنا چاہتا ہوں کہ ایک بچہ جب ٹی وی دیکھتا رہتا ہے تو ماں مطبخ میں سے آواز لگاتی ہے "بیٹا ذرا دکان سے ۲ روپئے کی ہری مرچ لے آنا" بچہ آواز دیتا ہے "نہیں ماں اب میں ٹی وی دیکھ رہا ہوں ایک گھنٹہ تک مجھ سے کچھ نہیں ہو گا" تو پھر سوچئے بھلا ایسا بچہ کیسے نماز کے لئے قدم بڑھائے گا اور قرآن پڑھنے کے لئے ہاتھوں کو کیسے حرکت میں لائے گا، چنانچہ یہی اثر اس کی آخری زندگی تک باقی رہتا ہے۔

(۴) بے وجہ مصروفیات اور وقت کا ضیاع

اگر ٹی وی کا غلط استعمال ہو تو یہ بھی ایک بے وجہ مصروفیت ہے چونکہ اس کا یوں غلط استعمال بکثرت ہے اسی لئے اس کی میں نے علیحدہ سرخی باندھی ہے ورنہ تو پھر وقت کے ضیاع کے لئے موجود مسلمانوں میں سے اکثر کے پاس بے وجہ مصروفیات کی کمی نہیں ہے۔ اگر عمر رسیدہ شخص ہے تو بے وجہ بکثرت اخبار اور نیوز، اپنے ہم عمروں سے باتیں کرنا اور حد سے زیادہ ورزش کرنا وغیرہ ہی دن بھر کے کام ہوتے ہیں کاش کہ ان کا کچھ وقت خالی ہوتا اور یہ دین کی طرف بھی توجہ دیتے اگر نوجوان شخص ہے تو پھر دوستوں کے ساتھ محفلوں کو سجانے، کرکٹ وغیرہ جیسے مختلف کھیل کھیلنے اور دنیا کمانے سے کبھی فرصت نہیں ملتی کہ یہ دین کی طرف بھی توجہ دیتے، اگر بچے میں تو ٹی وی، مختلف کھلونے اور غلط راہوں میں آوارگی کے

ساتھ پھرنے گھومنے کے علاوہ اور کوئی مشغلہ نہیں ہوتا۔ چہ جائے کہ یہ دین کی طرف بھی توجہ دیں۔

(۵)مشکل کتاب ہونے کی غلط فہمی

تقریباً تمام مسلمانوں خصوصاً دین خانقاہی کے مسلمانوں کا ذہن ہی یہ بن چکا ہے کہ قرآن حدیث یہ عربی زبان میں ہے اور عربی زبان کے بہت ہی لطیف قاعدے قواعد ہوتے ہیں اس لئے اس کو پڑھنا اور سمجھا بڑے بڑے عالموں کا کام ہے۔

ان کا قرآن کے معانی و احکام پر غور و فکر کرنے کی بات تو دور ہے اس کی تلاوت تک کے یہ قریب نہیں جاتے، حالانکہ حقیقت تو اس کے بالکل برعکس ہے قرآن بہت ہی آسان اور عام فہم ہے، جہاں تک عربی زبان کی بات ہے تو دنیا کے تقریباً زبانوں میں قرآن مجید کا ترجمہ ہو ہی چکا ہے، اور رہیں اس کی لطیف باتیں اور کچھ حل طلباء عبارتیں تو اس کے لئے کیا کسی جید اور برحق عالم سے ہم نہیں پوچھ سکتے ؟ سوال نہیں کر سکتے ؟ جب کہ ہم کسی دنیوی مسئلہ کے تعلق سے ایک سے دس اشخاص سے رائے مشورہ کرتے ہیں! اسی لئے اللہ تعالیٰ نے بتایا کہ قرآن آسان ہے فرمایا "ولقد یسرنا القرآن للذکر فہل من مذکر" (سورۃ القمر:۱۷) اور بے شک ہم نے قرآن کو سمجھنے کے لئے آسان کر دیا ہے۔ پس کیا کوئی نصیحت حاصل کرنے والا ہے " اور دوسری جگہ فرمایا "فلسئلوا اہل الذکر ان کسم لا تعلمون " (سورۃ الانبیاء) "پس تم "اہل کتاب" (بہت سارے مفسرین نے "اہل علم" کا بھی ترجمہ کیا ہے۔

نیز اہل کتاب بھی مشرکین کی نظر میں اہل علم کا درجہ رکھتے تھے) سے پوچھ لو اگر خود تمہیں علم نہ ہو"

(۶) ہمارا نظام تعلیم

ذی علم اور اہل فکر حضرات سے نظامِ تعلیم کی اہمیت مخفی اور ڈھکی چھپی نہیں ہے، چنانچہ ایک بچہ جب اپنی پوری ابتدائی زندگی میں غلط خیالات و افکار کی تعلیم پاتا ہے تو اسی پر استمرار کی بنا وہ اسے ہی حق اور سچ سمجھنے لگتا ہے اسی لئے ایک شخص کے خیالات و افکار اور زندگی کے حالات بدلنے میں خصوصاً پڑھنے لکھنے والے لوگوں کے لئے نظامِ تعلیم بڑی اہمیت رکھتا ہے۔ ہم غیر کا گلہ تو نہیں کر سکتے کہ انھوں نے ہمارے دین کو کیوں شامل نصاب نہیں کیا ہے۔ لیکن افسوس تو یہ ہے کہ وہ اسکولس اور کالجس جو مسلم قائدین کے ہاتھوں چلتے ہیں ان میں بھی اس کی طرف "نا" کے برابر توجہ دی گئی ہے (الا ماشاء اللہ) اور ستم در ستم تو یہ ہے کہ وہ ملک جس پر اسلام کا لیبل لگا ہو وہاں پر بھی اطمینان بخش دینی نصاب مرتب کر کے داخل نہیں کیا جاتا ہے۔ ہاں جو حصہ شامل نصاب ہوتا ہے اس سے بھی ایک شخص دین کی کچھ ہی معرفت حاصل کر لیتا ہے اور اس میں وہ ایمان کی پختگی اللہ و رسول سے گہری محبت اور دین کی مضبوطی ناپید کی ناپید ہی رہ جاتی ہے جس کی بنا اسلام کے خلاف چلنے والی تیز و تند ہوا کا وہ مقابلہ کر پاتا ہے۔

گلا تو گھونٹ دیا اہل مدرسہ نے ترا
کہاں سے آئے صدا لا الہ الا اللہ

چنانچہ اسلام کی پہلی وحی میں اسی کی طرف توجہ دلائی گئی ہے اللہ تعالیٰ نے فرمایا (اقرا باسم ربک الذی خلق) (سورۃ العلق:۱) "پڑھ اپنے رب کے نام سے جس نے پیدا کیا"

(۷) بڑی عمر کی وجہ سے جھجک

بہت سے لوگ جب بچپن میں تعلیم حاصل نہیں کر پاتے ہیں تو بڑھاپے میں یا جوانی کے اختتامی مرحلہ میں افسوس کرنے لگتے ہیں لیکن بجائے اس کے کہ بقیہ لمحات کو غنیمت جان کر قرآن مجید سیکھ لیتے اور اپنی اخروی فائدہ اٹھاتے شرمندگی اور جھجک کی بنا خاموش رہ جاتے ہیں، جب ان کو اس کی طرف توجہ دلائی جاتی ہے تو بسا اوقات گرچہ متوجہ ہو جاتی ہیں لیکن اکثر کل کل کہہ کر بچے ہوئے ایام کو بھی یوں ہی گذار دیتے ہیں۔

جب کہ صحابہ کرام کا اسوہ اور ان کی زندگی اس کے بالکل برعکس تھی جس عمر میں وہ ایمان لے آتے اسی وقت سے دل وجان سے قرآن ہو یا حدیث دین کی تمام باتیں سیکھنے کی تڑپ رکھتے تھے اور سیکھ بھی جاتے تھے اور فوراً عمل پیرا بھی ہو جاتے تھے اسی لئے کہا جاتا ہے اور حقیقت میں کامیابی اسی میں ہے اور یہی عقل مندی ہے کہ "طلبوا العلم من المھد الی اللحد" تم ماں کی گود سے قبر کی بغل تک علم حاصل کرو"

(۸) قرآن مجید کو پکڑنے کے لئے وضو کی شرط

یہ بات اور ہے کہ وضو کے ساتھ قرآن مجید کی تلاوت کرنا اچھا ہے افضل ہے

تقاضہ ادب اور عزیمت ہے لیکن یہ کہنا کہ قرآن کو بے وضو نہیں چھونا چاہئے تو یہ بات غلط ہے کیوں کہ اس بات کے لئے سوائے "لا یمسہ لا المطہرون" کی آیت کے علاوہ کوئی دوسری آیت یا حدیث سے وضاحت کے ساتھ یہ معلوم نہیں ہوتا کہ قرآن کو چھونے کے لئے وضو شرط ہے اور اس آیت میں بھی جہاں احتمال "ہ" کی ضمیر قرآن کی طرف لوٹنے کا ہے وہیں پر کئی احتمالات لوحِ محفوظ کی طرف لوٹانے کے بھی ہیں اور یہی حال "متطہرون" کا بھی ہے۔ لہذا وہ جو وضو کو شرط نہیں مانتے ہیں ان میں سے چند اور مخصوص مفسرین کے نام مع حوالہ نقل کئے جاتے ہیں:

(۱)علامہ ابن کثیر ("تفسیر القرآن العظیم "ج:۱۳ص:۳۹۰)(۲)علامہ ابن القیمؒ(الضوء المیزان علی التفسیر جمعہ: علی الحمد الحمد الصالحی، ج:۵ص:۵۷۶)علامہ شوکانیؒ نے بھی نیل الاوطار میں اسی قول کو راجح قرار دیا ہے (۳)مولانا ابوالاعلیٰ مودودیؒ، ("تفہیم القرآن "ج:۵ص:۲۹۱) (۴)مولانا انیس احسن اصلاحیؒ("تدبر قرآن " ج:۸ ص: ۱۸۴)(۵)حافظ صلاح الدین یوسف(احسن البیان "ص: ۱۵۲۹)محمد لقمان السلفی ("تیسیر الرحمن البیان قرآن"ج:۲ص:۱۵۲۹)

* * * *

قرآن کے حقوق (علاج)

مسلمان اگر چاہتے ہیں کہ وہ دوبارہ دین کی طرف لوٹ آئیں اور خود میں سدھار پیدا کریں تو سب سے پہلے انھیں قرآن کی طرف توجہ دینی چاہئے لہذا اگر ہم اس موضوع پر قرآن و حدیث کے نصوص کو کھنگالیں تو ہمیں معلوم ہو گا کہ قرآن کے تقریباً پانچ حقوق ہیں جن کا ذکر مندرجہ ذیل ہے:۔

قرآن پر ایمان

ایک مومن کے لئے ضروری ہے کہ وہ اللہ رب العالمین کے بھیجے ہوئے رسولوں اور اس کی نازل کی ہوئی کتابوں پر ایمان لے آئے، لہذا سب سے آخری نبی حضرت محمد مصطفی صلی اللہ علیہ وسلم ہیں اور سب آسمانی کتاب قرآن مجید ہے جس پر ایمان لائے بغیر کامیابی ناممکن ہے۔ رہی بات پہلی آسمانی کتابوں کی واس پر صرف ایمان رکھا جائے گا اور عمل صرف قرآن پر ہو گا کیوں کہ بقیہ تمام کتابوں میں تحریف و تبدیلی کی جاچکی ہے لیکن قرآن کی حفاظت کی ذمہ داری خود رب العالمین نے لے رکھی ہے۔ جیسا کہ اللہ عزوجل نے فرمایا "والذین یومنون بمآ انزل الیلا وما انزل من قبلک" (اسورۃ البقرہ:۴)(مومنانہ صفات گنواتے ہوئے

اللہ کہتا ہے)" اور جو لوگ ایمان لاتے ہیں اس پر جو آپ کی طرف اتارا گیا اور جو آپ سے پہلے اتارا گیا"

قرآن پر ایمان لانے کا مطلب یہ ہے کہ ہم اس کو دل سے مانیں، زبان سے اس کا اقرار کریں اور عمل سے اس پر ایمان کا اظہار کریں اور کسی بھی قسم کا شک و شبہ اپنے دلوں میں باقی نہ رکھو اور سچے دل سے ایمان لے آئیں کیوں اس میں کسی شک وشبہ کی گنجائش ہی نہیں ہے۔

(۲) قرآن کی تلاوت

قرآن پر ایمان لانے کے بعد ضروری ہے کہ اس کی تلاوت بھی کی جائے کیوں کہ کئی قرآنی آیات اس کو ضروری قرار دیتی ہیں نیز احادیث میں بھی تلاوت کی بڑی فضیلت آئی ہے۔ اللہ رب العالمین نے خود آپؐ کو اس کی تلاوت کا حکم دیا ہے فرمایا"واتل وما اوحی الیلک من کتاب ربک لامبدل لکلمۃ ولن تجد من دونہ ملتحد" (۲ سورۃ الکھف:۲۷)"تیری جانب جو تیرے رب کی کتاب وحی کی گئی ہے اسے پڑھتا رہ، اس کی باتوں کو کوئی بدلنے والا نہیں تو اس کے سوا ہر گز، ہر گز کوئی کوئی پناہ کی جگہ نہ پائے گا" نیز سورۃ العنکبوت میں فرمایا"اتل مآ اوحی الیک من الکتب واقم الصلوٰۃ "(۱ سورۃ العنکبوت: ۴۵)"جو کتاب آپ کی طرف وحی کی گئی ہے اسے پڑھئے اور نماز قائم کریں" نیز مومنانہ صفات گنواتے ہوئے بھی اللہ عز و جل فرماتے ہیں "الذین اٰتینھم الکتب یتلونہ حق تلاوتہ اولٰئک یومنون بہ" (۲ سورۃ البقرہ:۱۲۱) جنھیں ہم نے

کتاب دی ہے اور وہ اسے پڑھنے کے حق کے ساتھ پڑھتے ہیں" اور مومنہ عورتوں کے بارے میں فرمایا "فالتلیت ذکر "(سورۃ الصافات:۳) پھر ذکر اللہ کی تلاوت کرنے والوں کی"

(۳) قرآن میں غور و فکر

یہ حقیقت ہے کہ تلاوت کرنے پر اجر و ثواب ملتا ہے لیکن یہ بات بھی سچ ہے کہ تلاوت کے ساتھ ساتھ غور و فکر اور تدبر بھی ضروری ہے کیوں کہ "قرآن مجید کی حقیقی قدر و قیمت اور برکت اس کے معانی میں مضمر ہے۔ لفظ تو معنیٰ کے ادراک کا محض ایک ذریعہ ہوا کرتا ہے، آں حضرت صلی اللہ علیہ وسلم کے ارشاد "جس نے ایک حرف پڑھا اس کے لئے دس نیکیاں ہیں "کا ہدف اجر و ثواب بتا کر امت مسلمہ کو قرآن سے جڑے رہنے کی ترغیب دیتا ہے۔ اس ارشاد نبوی کا ہرگز یہ مقصد نہیں کہ مسلمان کسی جگہ بیٹھ کر محض الفاظ پڑھ لے اور مفہوم و مطلب نہ سمجھے۔

اگر کسی طالبِ علم کا والد اسے یہ کہتا ہے کہ "بیٹا پڑھو" تو اس کا مقصد یہ ہرگز نہیں ہوتا ہے کہ بیٹا محض الفاظ پڑھ لے اور سبق کو نہ سمجھے"

(۴ "قرآن پر عمل"ص:۱۲)

لہذا اسی مقصد کو اللہ عزوجل نے اس آیت میں واضح کیا ہے فرمایا، "لاکتشب انزل اللہ الیکمبرک لید بروا ایٰتہٖ و لیذکراو لوا الالباب" (۵ سورۃ ص:۲۹) یہ بابرکت کتاب ہے جسے ہم نے آپ کی طرف اس لئے نازل فرمایا ہے کہ لوگ اس کی آیتوں پر غور و فکر کریں اور عقلمند اس سے نصیحت حاصل کریں" اسی

لئے اللہ رب العزت نے قرآن کو ترتیل سے پڑھنے کا حکم دیا ہے فرمایا" ورتل القرآن ترتیلا "(۶ سورۃ المزمل: ۴) اور قرآن کو ٹھہر ٹھہر کر (صاف) پڑھا کر " " قرات کا مقصود ہی غور وفکر کرنا ہے اسی لئے قرات کا طریقۂ تلاوت ترتیل بتایا گیا ہے۔ اس لئے کہ ترتیل تو ظاہراً ہوتی ہے لیکن خود بخود معانی سمجھ میں آجاتے ہیں

حضرت علیؓ نے کہا "لاخير فى عبارة لانقة فيما، ولافى قراة لاتدبر فيها" اس عبارت میں کوئی بھلائی نہیں ہے جس میں فقہ نہ ہو اور اس قرات میں کوئی بھلائی نہیں ہے جس میں تدبر و تفکر نہ ہو "(۱ تہذیب احیاء علوم الدین والامام ابی حامد الغزالیؒ ص:۱۱۵)

چنانچہ اللہ تعالیٰ اسی بات کی دعوت واضح الفاظ میں دیتے ہوئے فرماتے ہیں "افلایتدبرون القرآن ولوکان من عند غیر اللہ وجودوافیہ اختلافا کثیراً" (۲ سورۃ النساء: ۸۲) کیا یہ لوگ قرآن میں غور نہیں کرتے؟ اگر یہ اللہ تعالیٰ کے سوا کسی اور کی طرف سے ہوتا تو یقیناً اس میں بہت کچھ اختلافات پاتے " نیز دوسری جگہ فرمایا "افلایتدبرون القرآن ام علی قلوب اقفالھا"(۳ سورۃ محمد : ۲۴) کیا یہ قرآن میں غور وفکر نہیں کرتے؟ یا ان کے دلوں پر ان کے تالے لگ گئے ہیں۔

ہر لفظ کو سینے میں بسالو تو بنے بات
طاقوں میں سجانے کو یہ قرآن نہیں ہے

(۴) قرآن پر عمل

اللہ رب العالمین نے قرآن نازل کیا تاکہ انسان اس کو پڑھے، سمجھے، اس پر

عمل کرے اور ہدایت پا جائے اگر کسی ملک میں کوئی قانون بنایا جائے اور ہر شہری کی زبان پر اور دماغ میں رچا بسا دیا جائے اور اس کو عملی طور پر جاری نہ کیا جائے تو اس کا کیا فائدہ ہے اسی لئے قرآن پر بھی عمل کرنا لازم و ضروری ہے۔ اللہ رب العالمین اس بات کا حکم دیتے ہوئے فرماتے ہیں "وہذا کتاب انزل اللہ مبرک فاتبعوہ و اتقو العلکم ترحمون "(۴ سورۃ الانعام:۱۵۵)اور یہ ایک کتاب ہے۔ جس کو ہم نے بھیجا بڑی خیر و برکت والی سو اس کا اتباع کرو اور ڈرو تاکہ تم پر رحمت ہو"

"بتایئے، اگر کوئی شخص بیمار ہو اور علم طب کی کوئی کتاب لے کر پڑھنے بیٹھ جائے اور یہ خیال کرے کہ محض اس کتاب کو پڑھ لینے سے بیماری دور ہو جائے گی تو آپ اسے کیا کہیں گے ؟ کیا آپ نہ کہیں گے کہ بھیجو اسے پاگل خانے میں، اس کا دماغ خراب ہو گیا ہے ؟ مگر شافی مطلق نے جو کتاب آپ کے امراض کا علاج کرنے کے لئے بھیجی ہے۔ اس کے ساتھ آپ کا یہی برتاؤ ہے۔ آپ اس کو پڑھتے ہیں اور یہ خیال کرتے ہیں کہ بس اس کے پڑھ لینے ہی سے تمام امراض دور ہو جائیں گے، اس کی ہدایات پر عمل کرنے کی ضرورت نہیں نہ ان چیزوں سے پرہیز کی ضرورت ہے جن کو یہ مضر بتا رہی ہے۔ پھر آپ خود اپنے اوپر بھی وہی حکم کیوں نہیں لگاتے جو اس شخص پر لگاتے ہیں جو بیماری دور کرنے کے لئے صرف علم طب کی کتاب پڑھ لینے کو کافی سمجھتا ہے"

(خطبات۔۔ ابی الاعلیٰ مودودیؒ ص:۴۲،۴۱)

(۵) قرآن کی تبلیغ

قرآن کو پڑھنے سمجھنے اور خود عمل کرنے کے بعد ضروری ہو جاتا ہے کہ اس کی تبلیغ بھی کی جائے اس لئے اللہ رب العالمین کا عذاب جب برائیوں کے عام ہونے پر گنہ گاروں پر آتا ہے اس عذاب میں صالحین بھی دعوت و تبلیغ نہ کرنے کی وجہ سے شامل ہو جاتے ہیں اسی کے تعلق سے متنبہ کرتے ہوئے اللہ تعالیٰ فرماتے ہیں "واتقوافتنۃ لاتصبین الذین ظلموا منکم خاصۃ "(۱ سورۃ الانعامؒ:۲۵)اور تم ایسے وبال سے بچو! کہ جو خاص کر صرف ان ہی لوگوں پر واقع نہ ہو گا جو تم میں سے ان گناہوں کے مرتکب ہوتے ہیں"

اس لئے ضروری ہے کہ قرآن کی بھی دعوت و تبلیغ کی جائے چنانچہ اللہ رب العالمین خود آپؐ کو اس کا حکم دیتے ہوئے فرماتے ہیں"یٰا یھا الرسول بلغ ما انزل البیک من ربک " (۲ سورۃ المائدۃ:۶۷)اے رسول جو کچھ بھی آپ کی طرف آپ کے رب کی جانب سے نازل کیا گیا ہے پہنچا دیجئے۔" نیز رسول اکرام ﷺ نے بھی فرمایا"خیر کم من تعلم القرآن و علمہ"(۳ بخاری: ۵۰۲۷)"تم میں سے بہترین شخص وہ ہے جو قرآن خود سیکھے اور دوسروں کو بھی سکھائے۔"

****

(* اس عنوان کا تقریباً اجمالی خاکہ "فضائل قرآن مجید" از محمد اقبال کیلانیؒ سے لیا گیا ہے)

مراجع و مصادر

قرآن مجید

کتب تفسیر

* "تفسیر القرآن العظم "ا۔ الایام الجلبل الحافظ عماد الدین ابی الفراء اسماعیل بن کثیر الرمشقی " الطبۃ الاولیٰ ۱۴۲۵ھ۔۲۰۰۴ء الناشر : دار عالم الکتب للطباعۃ ال۔۔ والثوربع ۔الریاض۔

* الضوء امنیر علی التفسیر: ابن قیم

* تفہیم القرآن:۔ ابو الاعلیٰ مودودیؒ

* "تدبر قرآن": ایس حسن اصلاحی

* "احسن البیان: حافظ صلاح الدین یوسف

* تیسیر الرحمن البیان القرآن: محمد لقمان سلفی

کتب حدیث

* " صحیح البخاری "محمد بن اسماعیل بخاری

* " صحیح مسلم ": مسلم بن حجاج

* "سنن ابی داود" ابو داود بن الاشعث

* سنن الترمذی: امام ترمذی

* سنن النسائی: امام نسائی

* سنن ابن ماجہ: ابن ماجہ

* " صحیح الترغیب والترھیب " محمد ناصر الدین البانی

کتب لغت

* "لسان العرب": علامہ ابن منظور

کتب دینیہ

* "موسوعۃ نضرۃ النعیم": صالح بن عبد اللہ بن حمید

* تہذیب احیاء علوم الدین: امام غزالی

* فضائل قرآن مجید: محمد اقبال کیلانی

* "سابقہ اور موجودہ مسلمان امتوں کا ماضی حال اور مستقبل اور مسلمانان پاکستان کی خصوصی ذمہ داری": ڈاکٹر اسرار احمد

* " قرآنی افکار و تعلیمات اور وجودہ دور میں ان کی معنویت: ظفر الاسلام اصلاحی

* " قرآن پر عمل ": سمیہ رمضان، ترجمہ محمد ظہیر الدین بھٹی،

مجلات

* "راہ اعتدال " عمر آباد (خصوصیاشاعت: موافع ترقی امت) رمضان ۱۴۱۸ھ / جنوری ۲۰۰۸ء، مدیر مولانا حبیب الرحمن اعظمی عمری

* "ایضاً" عمر آباد (خصوصی اشاعت: قرآن نمبر) رمضان ۱۴۱۸ھ... جنوری ۱۹۹۸ء

* "ایضاً" ماہنامہ۔ عمر آباد۔ دسمبر ۲۰۰۳ء

***